BEI GRIN MACHT SICH IHR WISSEN BEZAHLT

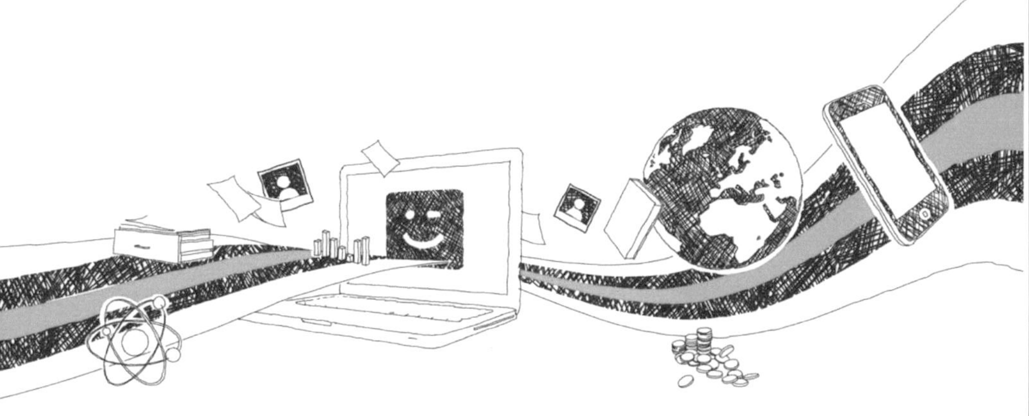

- Wir veröffentlichen Ihre Hausarbeit, Bachelor- und Masterarbeit

- Ihr eigenes eBook und Buch - weltweit in allen wichtigen Shops

- Verdienen Sie an jedem Verkauf

Jetzt bei www.GRIN.com hochladen und kostenlos publizieren

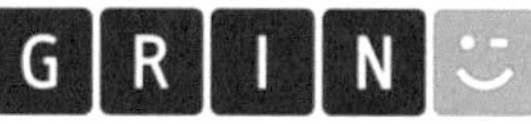

Bibliografische Information der Deutschen Nationalbibliothek:

Die Deutsche Bibliothek verzeichnet diese Publikation in der Deutschen National-
bibliografie; detaillierte bibliografische Daten sind im Internet über http://dnb.d-
nb.de/ abrufbar.

Impressum:

Copyright © 2011 GRIN Verlag, Open Publishing GmbH
Druck und Bindung: Books on Demand GmbH, Norderstedt Germany
ISBN: 9783656316695

Dieses Buch bei GRIN:

http://www.grin.com/de/e-book/204500/juergen-ovens-selbstbildnis-vor-der-staffelei

Tamara Volgger

UNICUM.de – Die Wissensreihe

UNICUM.de

Band 24

Jürgen Ovens - Selbstbildnis vor der Staffelei

GRIN Verlag

Universität Stuttgart
Institut Kunstgeschichte
Propädeutikum: Porträt im Barock
Wintersemester 2010/ 2011

Jürgen Ovens – Selbstbildnis vor der Staffelei

28.3.2011

Inhaltsverzeichnis

Einleitung

In der Hausarbeit geht es um das "Selbstportrait vor der Staffelei" von Jürgen Ovens.
Der Künstler malte dies um 1670/ 1675 in Leningrad.

Zunächst wird das Gemälde beschrieben und Deutungsmöglichkeiten vorgestellt.

Sein Selbstbildnis vor der Staffelei lässt durch seine dunkle Farbgebung und den
Schlaglichtern an den Stilmodus Rembrandts denken. Jürgen Ovens wird auch in Werner
Sumowskis Band „Gemälde der Rembrandtschüler" aufgeführt. Doch handelt es sich bei dem
Künstler tatsächlich um einen Schüler Rembrandts?

Diese Frage wird anhand des Selbstportraits und anderen Werken von Jürgen Ovens im
Vergleich zu anderen Künstlern, sowie durch einen Einblick in seine Biografie, untersucht.

Bildbeschreibung

Das im Hochformat mit Öl auf Leinwand gemalte "Selbstbildnis vor der Staffelei" von Jürgen
Ovens um 1679 / 1675 besitzt die Maße 125 x 95 cm.

Heute kann man das im Emeritage in St. Petersburg bewundern.

Zu sehen ist ein Mann vor einer Staffelei. Er steht der Staffelei zugewant, doch sein Blick gilt
dem Betrachter, er wirkt konzentriert. Werner Sumowski sieht in dem Blick das Motiv der
aktivierenden Störung, das von Rembrandt der 1630er Jahre stammen soll.[1] Im Prozess wird
dieser seinem Spiegelbild gegolten haben. Dies gilt als ikonografischer Kodex eines
Künstlerselbstportraits.[2] Durch die Körperdrehung, ein beliebtes Motiv in der Zeit des
Barocks, und dem dunklen Raum ist nur seine rechte Gesichtshälfte zu erkennen, in die eine
seiner langen, welligen, dunkelbraunen Haarsträhnen fällt. Eine Lichtquelle im eigentlichen
Sinne gibt es in diesem Bild nicht, seine Lichtpunkte fallen gezielt auf sein Gesicht, etwas
schwächer auf die Staffelei, und stark auf seinen Rücken und die Hände. In seiner linken
Hand hält er eine Palette und Pinsel, in der rechten, die er hinter seinem Rücken hält, einen
Malstab, die Insignien eines Malers.[3] Zudem trägt er einen braunen eleganten Mantel, der mit
einer Schnur an der Taille festgeschnürt ist und einen weißen Schal. Bei dieser Kleidung

---

[1] Sumowski, Werner: Gemälde der Rembrandt-Schüler, (= Keil - J. Ovens, Bd. 3), Landau/Pfalz, 1983S. 2221
sowie Vgl. mit dem Selbstportrait von Rembrandt 1629
[2] Büttner, Frank: Geschichte der bildenden Kunst in Deutschland, (=Barock und Rokoko, Bd. 5), München,
2008, S. 538
[3] Ebd.

handelt es sich um eine zeitgemäße Gewandung der Hofkünstler.[4] Auf der Staffelei vor ihm ist eine "alla prima" gemalte Frau im Profil zu sehen. Bei ihr könnte es sich um Marie Ovens, Jürgen Ovens Ehefrau, handeln.[5] Ihr Blick richtet sich nach links, also in Ovens Richtung. Diese Blickführung lässt den Künstler noch mehr in den Mittelpunkt rücken.

Durch die Überschneidung von Künstler und Staffelei bekommt das Bild eine minimale Räumlichkeit.

Der Raum ist sehr dunkel gestaltet. Hinter der Staffelei kann man eine Steinmauer vermuten, von links oben fällt ein schwerer dunkelbrauner Vorhang. Schwere Vorhänge im Hintergund waren im Barock sehr beliebt.

Er benutzt ausschließlich die Farben weiß, rot, gelb und schwarz.

Dies und die verschatteten Gesichtshälften des Malers, sowie das im Profil gemalte Frauenportrait lassen das Selbstportrait in eine Verbindung zu Apelles treten. Apelles war, nach C. Plinius Secundus d. Ä., ein sehr angesehener Künstler im antiken Rom ("Alle Vorgänger und Nachfolger aber übertraf Apelles aus Kos.."[6]).

Sein Ansehen im antiken Rom belegt sich auch durch sein Verhältnis zu Alexander dem Großen. Er war der einzige Künstler, der Alexander den Großen malen durfte. Außerdem sollte er Pankaspe, eine besonders geliebte Nebenfrau von Alexander dem Großen, nackt malen. Dabei verliebte er sich in sie und der König schenkte Apelles, seinem Maler, seine Pankaspe.[7] So kann man vermuten, dass er mit der Dame auf der Staffelei eine Verbindung zu Apelles schaffen möchte.

Seine verschattete Gesichthälfte deutet ebenfalls auf ein von Apelles geschaffenes Werk hin. Apelles malte ein Portrait von König Antigonos, auch der Einäugige genannt. Um diesen Makel zu verbergen und nur das Schöne von Antigonos zu zeigen, malte er ihn von der Seite.[8] Apelles benutzte ebenfalls nur die 4 Farben, die auch Jürgen Ovens in seinem Selbstbildnis vor der Staffelei verwendet, malte mit ihnen aber ein sehr real wirkendes Inkarnat. Dieses Talent ließ Apelles so berüchtigt werden.[9]

Durch den Verweis auf die Legende von Apelles erreicht Jürgen Ovens eine Nobilitierung.[10] Er stellt sich selbst als "pictor doctus", den gebildeten Künstler, dar.

---

[4] Büttner, Frank, S. 537
[5] Vgl. Zeichnung seiner Ehefrau in Kopenhagen, Kupferstichkabinett
[6] C. Plinius Secundus d. Ä.: Naturkunde, (= Farben, Malerei, Plastik, Bd. 35), Darmstadt, 1978 S. 63
[7] Ebd. S. 69
[8] Ebd. S. 71
[9] Ebd. S. 73
[10] Büttner, Frank, S. 538

Jürgen Ovens - Ein Rembrandtschüler?

Wie in der Einleitung bereits erwähnt, gilt Jürgen Ovens als Schüler Rembrandts. Er wird
sogar in Werner Sumowskis Band „Gemälde der Rembrandtschüler" aufgelistet.
Sieht man das erste Mal auf das „Selbstportrait vor der Staffelei", so wird man sofort an
Rembrandts Stilmodus des „Chiaroscuro" denken. Sieht man aber ein zweites Mal hin,
erkennt man Jürgen Ovens eigenen Stil. Man kann durchaus davon ausgehen, dass
Rembrandts Werke Ovens bekannt waren und er sich diese als Vorbild nahm. Ob es jedoch
Kontakt zwischen den zwei Künstlern gab, ist nicht eindeutig bewiesen. Nach Houbraken war
Ovens ein Schüler des weltberühmten Rembrandts. Zu seinen Informanten zählen Samuel van
Hogstraten, der ein Schüler Rembrandts war und Ovens kannte und Jan Voorhout, ein Schüler
Jan van Noordts, der Ovens vermutlich ebenso kannte. Werner Sumowski stellt diese Aussage
jedoch in Frage. Zudem sagt er, dass Rembrandt nur einen geringeren Einfluss auf Ovens
ausübte. Dieser verrät sich nur ab und zu in der Art der Kostüme und dem Hell - Dunkel in
den Werken.[11]
Vergleicht man mehrere verschiedene Werke der beiden Künstler fällt die unterschiedliche
Farbgebung auf. Rembrandt benützt hauptsächlich dunkle, erdtönige Farben, um den Hell -
Dunkel - Kontrast zu verstärken. Ovens hingegen bedient sich einer größeren Farbpalette.
In weiteren Werken Ovens erkennt man ebenso einen eindeutigen Hang zum flämischen Stil,
der eher an Govaert Flinck und an Anthonis Van Dyck denken lässt.[12]

Zwischen Ovens Selbstportrait und dem von Anthonis Van Dyck um 1615 kann man
gleichfalls Parallelen ziehen. Die Art der Gewandung, sowie die Kopfdrehung, der dunkle
Hintergrund und die Lichtführung, die wie ein Schlaglicht auf das Gesicht wirkt, sind ähnlich.
Die Ähnlichkeit der Stile lässt sich auch in der Detailansicht des Familienportrait, welches
Ovens 1657–1663 anfertigte, feststellen. Ein weiteres Beispiel, um dies zu belegen ist der
Vergleich von Familienportraits der beiden Künstler. Die Komposition der
Familienmitglieder in Van Dycks Familienportrait von 1621 und Ovens „Unbekannte Familie
des Deutschen Hochadels vor Landschaft" um 1623 – 1678 ist fast identisch. Die Mutter sitzt
zur Linken des Vaters, jedoch niedriger als der Mann, mit dem Kind auf dem Schoss. Im
Hintergrund beider Bilder hängt ein schwerer roter Vorhang „in freier Natur".

---

[11] Sumowski, Werner, S. 2218
[12] Sumowski, Werner, S. 2218

In Ovens „Allegorie der Mutter Natur" aus dem Jahre 1646 erkennt man laut Sumovski den Stil Goevart Flink.[13]

Zwischen den beiden Künstlern gab es eindeutig eine Verbindung, nicht nur in ihrer Kunst. Sie beide hatten den gleichen Gönner, Joost van den Vondel. Außerdem besang Flinck die Werke Ovens. Nach Flincks Tod übernahm Jürgen Ovens sogar dessen Wohnung und Atelier. Auch in der Kunst sieht man eine Verbindung. Beide bedienen sich dem flämischen Stil. [14] Es ist also ebenso möglich, dass Ovens ein Schüler Flincks war.

Fazit

Durch eingehende Betrachtungen erkennt man eine stilistische Vielfalt des Künstlers, die an der "Identität der Künstlerhand zweifeln"[15] lässt.

Ein hier anzuführendes Beispiel ist sein Gemälde „Darstellung Christi im Tempel" aus dem Jahre 1651 in Kiel, zu der auch die „Allegorie des Gesichts" in Anholt gehört. In ihm vermischt Ovens das Hell - Dunkel und den Formcharakter Rembrandts mit dem Flämischen nach Van Dyck.[16]

Er besitzt eine „stilistische Anpassungsfähigkeit"[17], die allerdings eindeutig vom flämischen inspiriert ist. Dies hängt sicherlich damit zusammen, dass Jürgen Ovens wenige Reisen ins Ausland unternommen hat.[18]

Ob Jürgen Ovens ein Schüler Rembrandts war oder nicht, lässt sich nicht eindeutig beantworten. Dieses Problem wird dadurch verstärkt, dass Jürgen Ovens heute kaum mehr bekannt ist und auch wenig Literatur zu seiner Person existiert, sowie das Verschollen vieler seiner Werke.[19] Außer Frage steht, dass ihm Rembrandts Werke bekannt waren und er diese zum Vorbild nahm. Allerdings kann man stark vermuten, dass Jürgen Ovens, auch wenn er ein Rembrandtschüler war, nicht versuchte diesen zu kopieren. Er lernte sehr wahrscheinlich auch von anderen Künstlern und versuchte seinen eigenen Stil zu entwickeln, so wie sein Bekannter Govaert Flink. Er war der Erste, der „sich mit Mühe Rembrandts Stil abgewöhnt hat"[20]. Seinen Ruhm zu Lebzeiten könnte man sich nicht erklären, wäre er einfach nur ein

---

[13] Ebd.
[14] Ebd.
[15] Büttner, Frank, S.517
[16] Sumowski, Werner S. 2220
[17] Ebd
[18] Sumowski, Werner S. 2218
[19] Ebd
[20] Ebd.

„Imitator" Rembrandts gewesen. Er malte hauptsächlich für die Herzöge von Gottorf.[21] Die Frage wird wohl weiterhin offen bleiben. War Jürgen Ovens ein Schüler Rembrandts, kannte er dessen Werke oder lernte er bei Schülern Rembrandts, wie zum Beispiel Govaert Flink?

Literaturverzeichnis

Sumowski, Werner: Gemälde der Rembrandt-Schüler, (= Keil - J. Ovens, Bd. 3), Landau/Pfalz, 1983

Büttner, Frank: Geschichte der bildenden Kunst in Deutschland, (= Barock und Rokoko, Bd. 5), München, 2008

C. Plinius Secundus d. Ä.: Naturkunde, (= Farben, Malerei, Plastik, Bd. 35), Darmstadt, 1978

---

[21] Ebd

Bildnachweis

Ovens, Jürgen: Familienporträt, Detail, 1657-1663, St. Petersburg, Eremitage

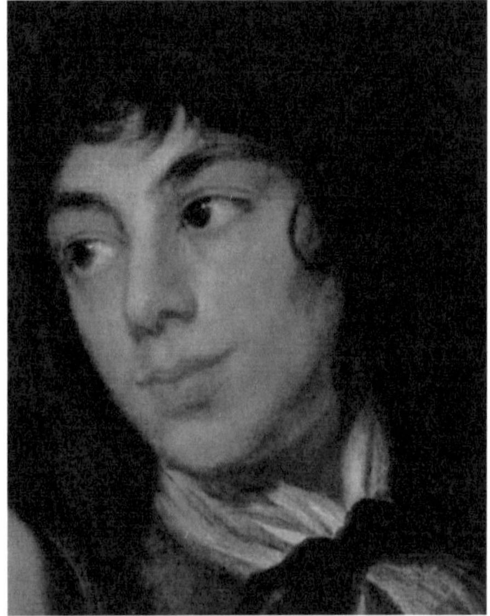

(aus: http://www.malerei-meisterwerke.de/bilder/juergen-ovens-familienportraet-detail-07240.html)

Ovens, Jürgen: Selbstbildnis vor der Staffelei, 1670-1675?, St. Petersburg, Eremitage

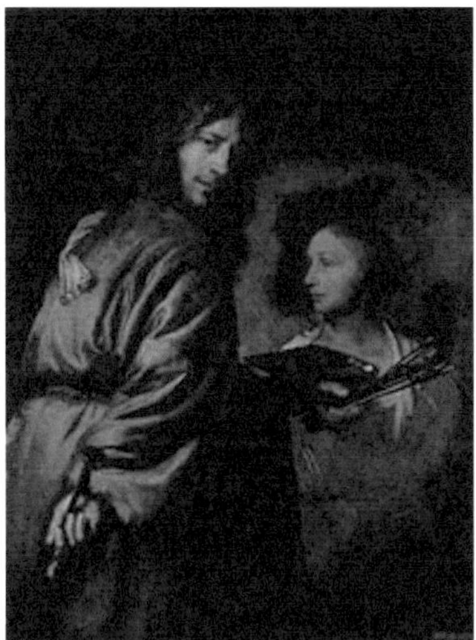

(aus: Büttner, Frank: Geschichte der bildenden Kunst in Deutschland, (= Barock und Rokoko,
Bd. 5), München, 2008)

Ovens, Jürgen: Unbekannte Familie des Deutschen Hochadels vor Landschaft, Schleswig,
Schleswig-Holsteinische Landesmussen Schloß Gottorf

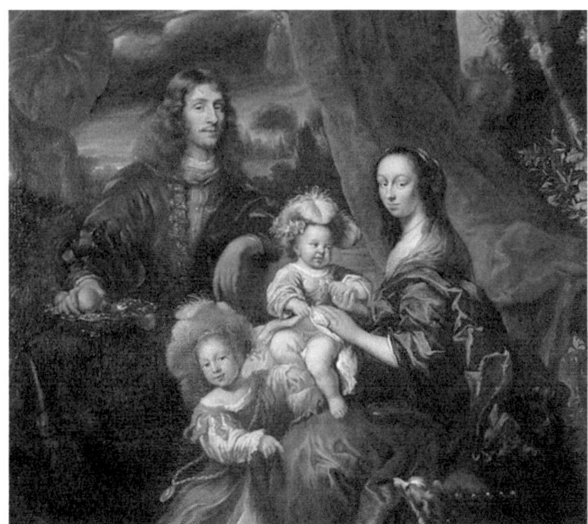

(aus: http://www.flickriver.com/photos/14576914@N07/sets/72157621884087231/)

Van Dyck, Anthony: Familienporträt, 1621, St. Petersburg, Eremitage

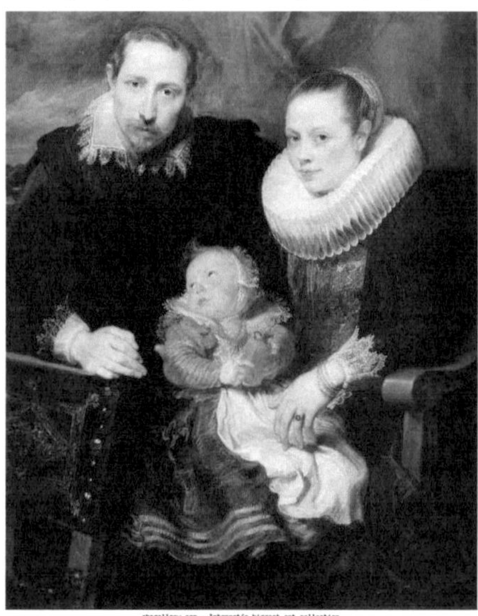

(aus: http://www.abcgallery.com/V/vandyck/vandyck6.JPG)

Van Dyck, Anthonis: Selbstbildnis im Alter von etwa 15 Jahren, um 1614, Wien, Akademie der Künste, Gemäldegalerie

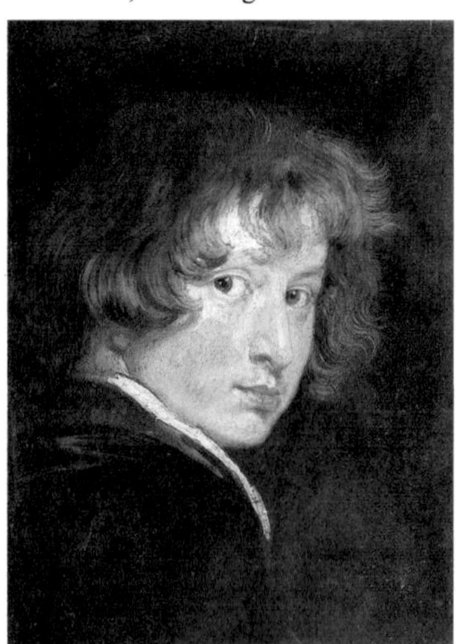

(aus: Prometheus)